Impressum
Verlag: BABADADA GmbH, Nedderfeld 112 , 22529 Hamburg
Geschäftsführer / Verlagsleitung: Harald Hof
Druck: Books on Demand GmbH, In de Tarpen 42, 22848 Norderstedt

Imprint
Publisher: BABADADA GmbH, Nedderfeld 112 , 22529 Hamburg, Germany
Managing Director / Publishing direction: Harald Hof
Print: Books on Demand GmbH, In de Tarpen 42, 22848 Norderstedt, Germany

مدرسه

skola

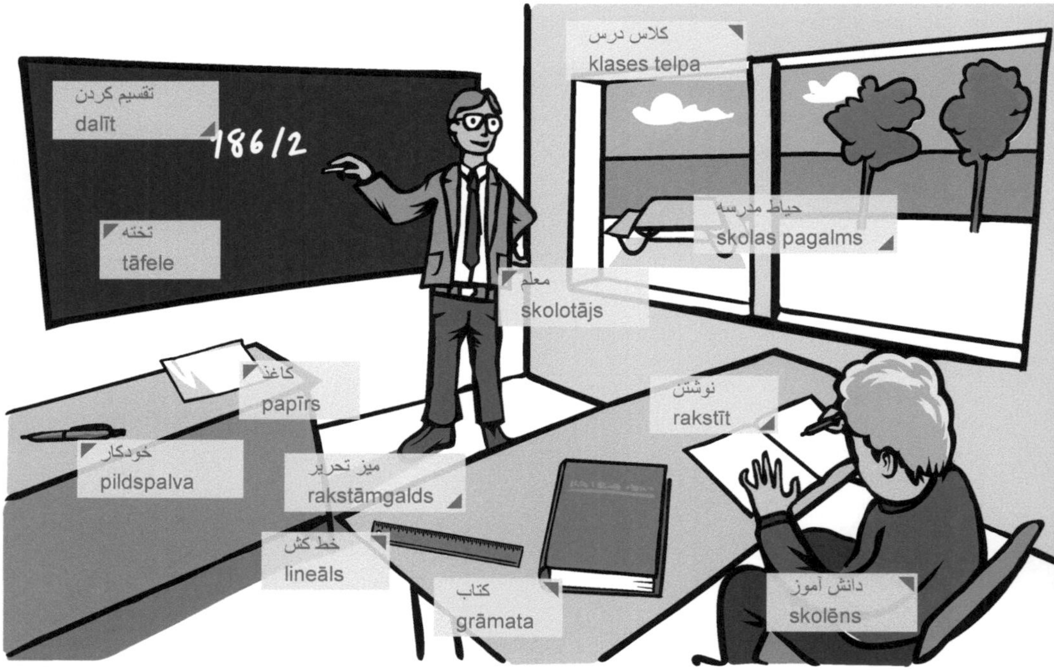

کلاس درس
klases telpa
تقسیم کردن
dalīt
186/2
تخته
tāfele
حیاط مدرسه
skolas pagalms
معلم
skolotājs
کاغذ
papīrs
نوشتن
rakstīt
خودکار
pildspalva
میز تحریر
rakstāmgalds
خط کش
lineāls
کتاب
grāmata
دانش آموز
skolēns

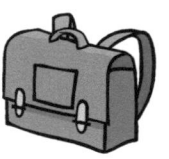

کیف مدرسه

skolas soma

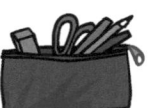

جامدادی

penālis

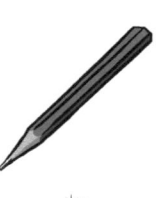

مداد

zīmulis

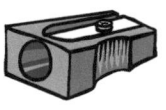

تراش

zīmuļu asināmais

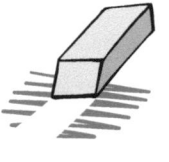

پاک کن

dzēšgumija

دفتر رسم

zīmēšanas bloks

طراحی

zīmējums

قلم مو

ota

جعبه ی آبرنگ

krāsas

قیچی

šķēres

چسب

līme

کتاب تمرین

darba burtnīca

تکلیف خانه

mājas darbs

رقم

skaitlis

جمع کردن

saskaitīt

تفریق کردن

atņemt

ضرب کردن

reizināt

محاسبه کردن

rēķināt

حرف الفبا

burts

الفبا

alfabēts

کلمه

vārds

متن

teksts

خواندن

lasīt

گچ

krīts

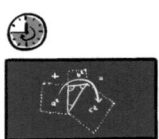

درس

mācību stunda

مان ثبت

žurnāls

امتحان

eksāmens

مدرک رسمی

liecība

لباس مدرسه

skolas forma

تحصيلات

izglītība

دانشنامه

enciklopēdija

دانشگاه

universitāte

میکروسکوپ

mikroskops

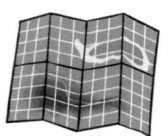

نقشه

karte

سبد کاغذ باطله

papīrgrozs

سفر

ceļojums

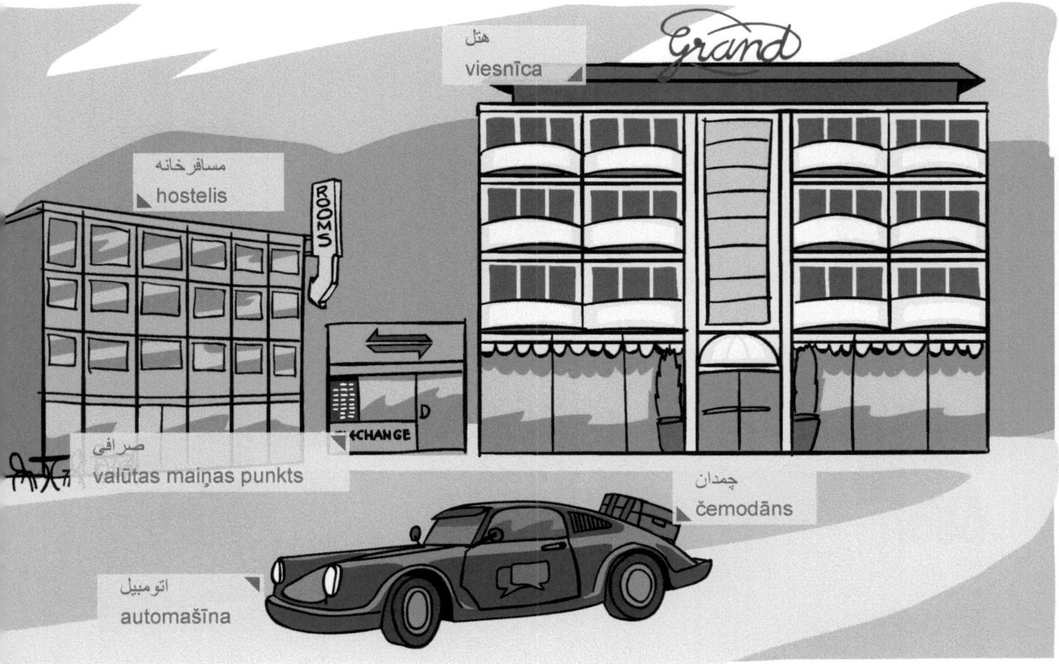

هتل
viesnīca
Grand
مسافرخانه
hostelis
ROOMS
صرافی
valūtas maiņas punkts
EXCHANGE
چمدان
čemodāns
اتومبیل
automašīna

زبان

Valoda

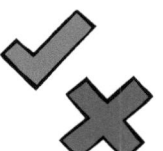

بله / خیر

jā / nē

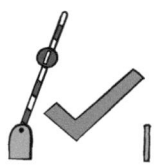

اُکی

Okay

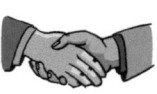

سلام

Sveiki!

مترجم

tulks

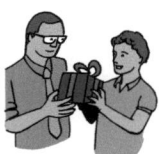

ممنون

paldies

قیمت ... چه قدر است؟

Cik maksā…?

من متوجه نمی شوم

Es nesaprotu

مشکل

problēma

عصر بخیر! / شب بخیر!

Labvakar!

صبح بخیر!

Labrīt!

شب بخیر!

Ar labu nakti!

خدا, نگهدار

Uz redzēšanos

جهت

virziens

بار سفر

bagāža

کیف

soma

کوله پشتی

mugursoma

مهمان

viesis

اتاق

istaba

کیسه خواب

guļammaiss

خیمه

telts

مرکز راهنمای گردشگران
....
tūrisma informācija

ساحل
....
pludmale

کارت اعتباری
....
kredītkarte

صبحانه
....
brokastis

نهار
....
pusdienas

شام
....
vakariņas

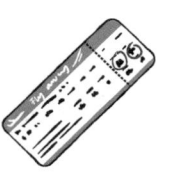

بلیط
....
biļete

آسانسور
....
lifts

مهر
....
pastmarka

مرز
....
robeža

گمرک
....
muita

سفارتخانه
....
vēstniecība

ویزا
....
vīza

گذرنامه
....
pase

حمل و نقل

transports

هواپیما
lidmašīna

کشتی
kuģis

ماشین آتش نشانی
ugunsdzēsēju mašīna

اتوبوس
autobuss

کامیون
kravas automašīna

قایق موتوری
motorlaiva

دوچرخه
velosipēds

اتومبیل
automašīna

کشتی مسافربری
....
prāmis

قایق
....
laiva

موتورسیکلت
....
motocikls

ماشین پلیس
....
policijas automašīna

ماشین مسابقه
....
sacīkšu automobilis

ماشین کرایه ای
....
nomas auto

به اشتراک گذاری اتوموبیل

auto koplietošana

جرثقیل

evakuators

ماشین حمل زباله

atkritumu mašīna

موتور

dzinējs

بنزین

benzīns

پمپ بنزین

degvielas uzpildes stacija

تابلو راهنمایی و رانندگی

ceļa zīme

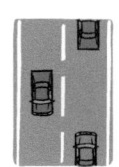

عبور و مرور

satiksme

ترافیک

sastrēgums

پارکینگ

stāvvieta

ایستگاه قطار

dzelzceļa stacija

ریل راه آهن

sliedes

قطار

vilciens

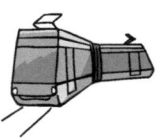

قطار برقی

tramvajs

واگن

vagons

هليكوپتر

helikopters

فرودگاه

lidosta

برج

tornis

مسافر

pasažieris

کانتینر

konteiners

کارتن

kaste

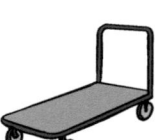

گاری

ratiņi

سبد

grozs

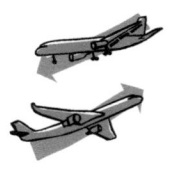

به پرواز درآمدن / فرود آمدن

pacelties / nosēsties

شهر

pilsēta

دهکده

ciems

مرکز شهر

pilsētas centrs

خانه

māja

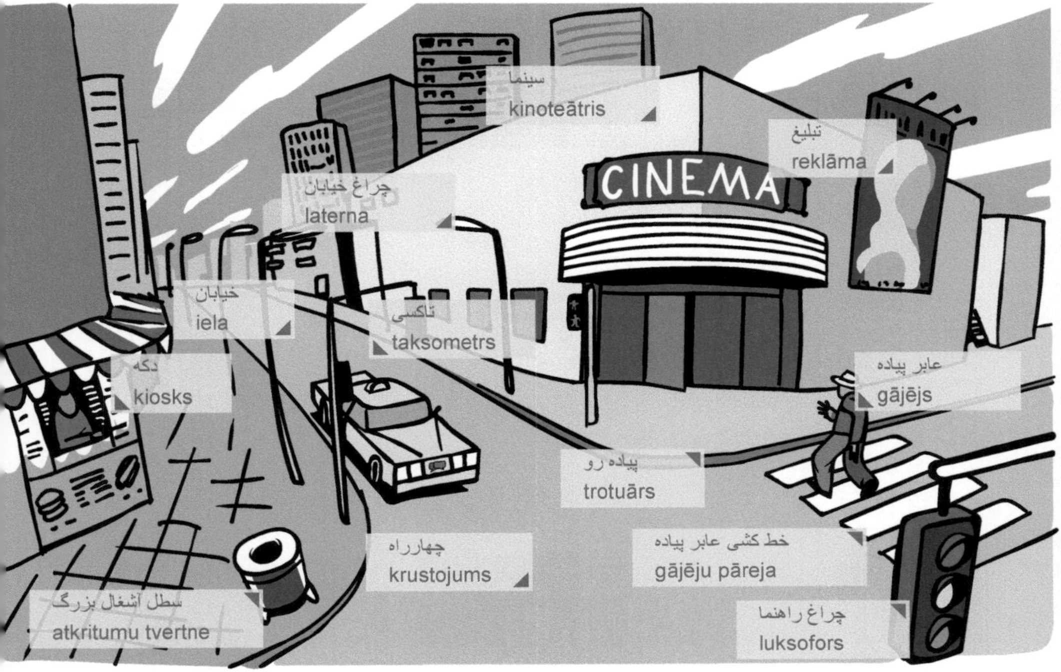

سینما
kinoteātris
CINEMA
تبلیغ
reklāma
چراغ خیابان
laterna
خیابان
iela
تاکسی
taksometrs
دکه
kiosks
عابر پیاده
gājējs
پیاده رو
trotuārs
چهارراه
krustojums
خط کشی عابر پیاده
gājēju pāreja
سطل آشغال بزرگ
atkritumu tvertne
چراغ راهنما
luksofors

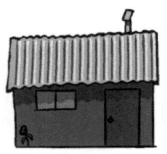

کلبه

būda

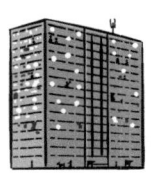

آپارتمان

dzīvoklis

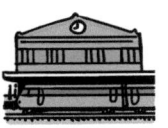

ایستگاه قطار

dzelzceļa stacija

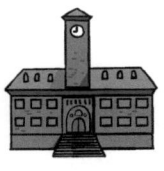

ساختمان شهرداری

rātsnams

MUSEUM

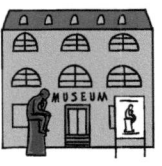

موزه

muzejs

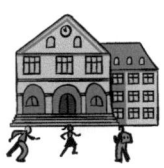

مدرسه

skola

دانشگاه

universitāte

بانک

banka

بیمارستان

slimnīca

هتل

viesnīca

داروخانه

aptieka

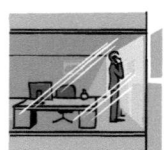

اداره

birojs

کتابفروشی

grāmatnīca

مغازه

veikals

گل فروشی

ziedu veikals

سوپرمارکت

lielveikals

بازار

tirgus

فروشگاه بزرگ

tirdzniecības centrs

ماهی فروش

zivju tirgotājs

مرکز خرید

tirdzniecības centrs

بندر

osta

پارک

parks

نیمکت

sols

پل

tilts

پله

kāpnes

مترو

metro

تونل

tunelis

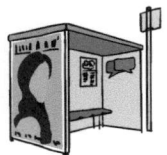

ایستگاه اتوبوس

autobusa pieturvieta

میخانه

bārs

رستوران

restorāns

صندوق پست

pastkastīte

تابلوی خیابان

ielas nosaukuma plāksne

دستگاه پارکومتر

stāvlaika skaitītājs

باغ وحش

zooloģiskais dārzs

استخر شنای عمومی

peldbaseins

مسجد

mošeja

مزرعه

zemnieku saimniecība

آلودگی محیط زیست

vides piesārņojums

قبرستان

kapsēta

کلیسا

baznīca

زمین بازی

spēļu laukums

معبد

templis

چشم انداز

ainava

برگ
lapa

تابلوی راهنمای مسیر
ceļrādis

راه
ceļš

چمنزار
pļava

سنگ
akmens

درخت
koks

راه نورد
ceļotājs

رودخانه
upe

چمن
zāle

گل
puķe

دره

ieleja

تپّه

kalns

دریاچه

ezers

جنگل

mežs

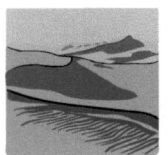

بیابان

tuksnesis

کوه آتشفشان

vulkāns

قلعه

pils

رنگین کمان

varavīksne

قارچ

sēne

درخت نخل

palma

پشه

moskīts

مگس

muša

مورچه

skudra

زنبور

bite

عنکبوت

zirneklis

سوسک

vabole

قورباغه

varde

سنجاب

vāvere

جوجه تیغی

ezis

خرگوش صحرایی

zaķis

جغد

pūce

پرنده

putns

قو

gulbis

گراز

meža cūka

گوزن نر

briedis

گوزن شمالی

alnis

سد آب

aizsprosts

توربین بادی

vēja ģenerators

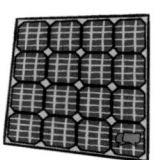

صفحه ی خورشیدی

saules baterija

آب و هوا

klimats

رستوران

restorāns

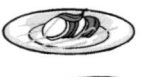

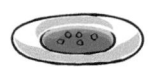

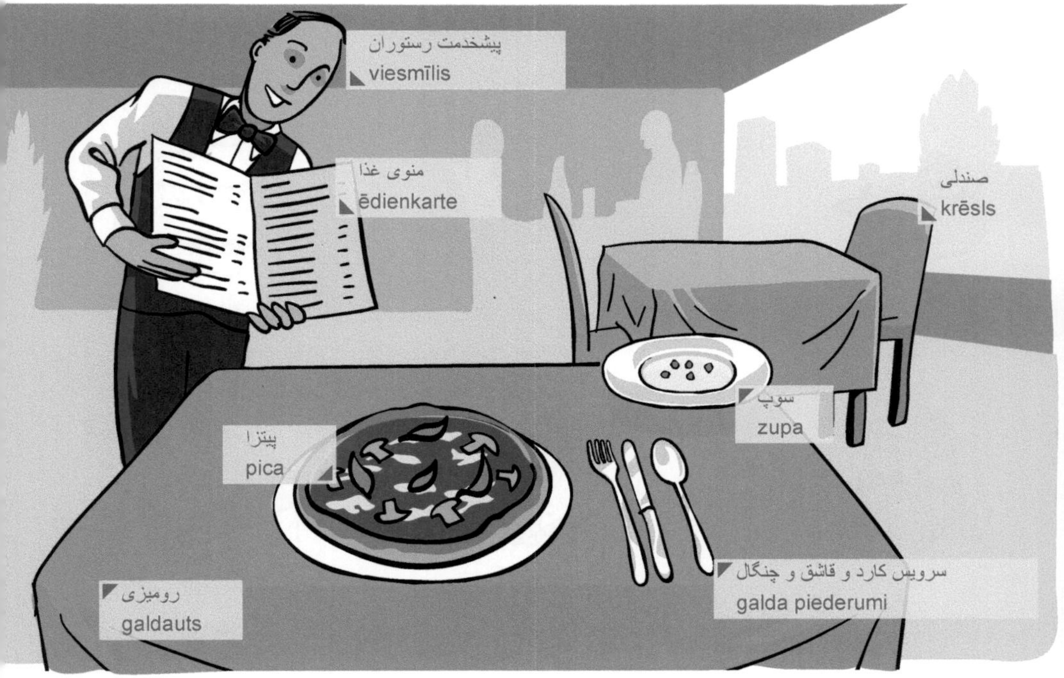

پیشخدمت رستوران
viesmīlis
منوی غذا
ēdienkarte
صندلی
krēsls
سوپ
zupa
پیتزا
pica
رومیزی
galdauts
سرویس کارد و قاشق و چنگال
galda piederumi

پیش‌غذا

uzkoda

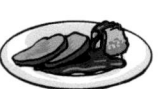

غذای اصلی

pamatēdiens

دسر

deserts

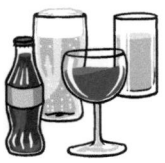

نوشیدنی ها

dzērieni

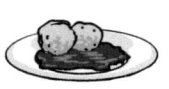

غذا

ēdiens

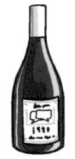

بطری

pudele

فست فود

ātrās uzkodas

اغذیه خیابانی

ielu uzkodas

قوری

tējkanna

قندان

cukurtrauks

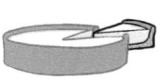

پُرس غذا

porcija

دستگاه اسپرسو

espresso kafijas automāts

صندلی پایه بلند غذاخوری بچه

bāra krēsls

صورتحساب

rēķins

سینی

paplāte

چاقو

nazis

چنگال

dakša

قاشق

karote

قاشق چایخوری

tējkarote

دستمال سفره

salvete

لیوان

glāze

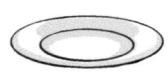

بشقاب

šķīvis

بشقاب سوپخوری

zupas šķīvis

نعلبكی

apakštase

سس

mērce

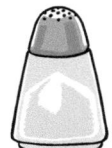

نمكدان

sāls trauciņš

باس فلفل

piparu dzirnaviņas

سركه

etiķis

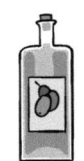

روغن خوراكی

eļļa

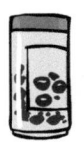

ادویه جات

garšvielas

سس كچاپ

kečups

سس خردل

sinepes

سس مایونز

majonēze

سوپرمارکت

lielveikals

پیشنهاد ویژه
piedāvājums
FOR
مشتری
klients
لبنیات
piena produkti
میوه جات
augļi
چرخ دستی خرید
iepirkumu ratiņi

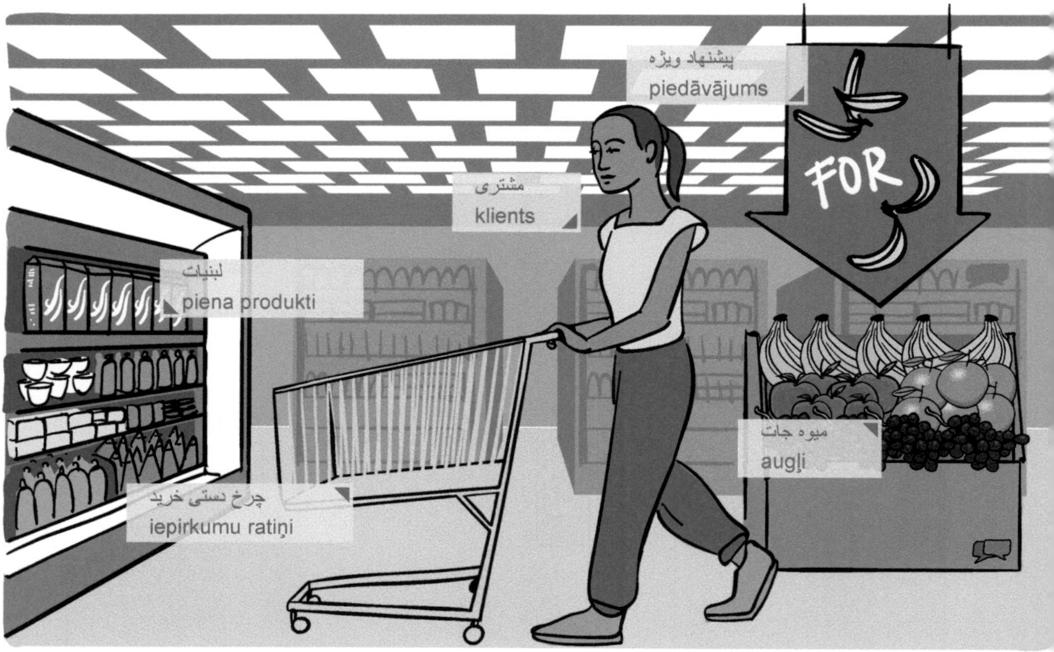

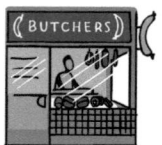

BUTCHERS

قصابی
....
kautuve

BAKERY

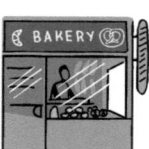

نانوایی
....
maizes veikals

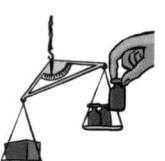

وزن کردن
....
svērt

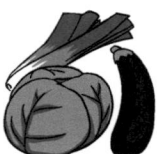

سبزیجات
....
dārzeņi

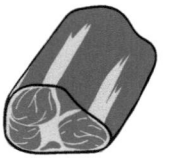

گوشت
....
gaļa

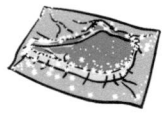

غذای منجمد
....
saldēti produkti

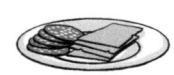

مخلوطی از انواع کالباس یا پنیر که
ورقه ای بریده شده باشند

aukstās gaļas uzkodas

غذای کنسروی

konservi

پودر لباسشویی

pulveris

شیرینی جات

saldumi

لوازم خانگی

mājsaimniecības preces

ماده شوینده و پاک کننده

tīrīšanas līdzeklis

فروشنده

pārdevēja

صندوق پرداخت

kase

صندوقدار

kasieris

لیست خرید

iepirkumu saraksts

ساعات کار

darba laiks

کیف پول

maks

کارت اعتباری

kredītkarte

کیف

soma

کیسه ی پلاستیکی

maisiņš

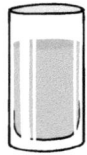

آب
ūdens

آبمیوه
sula

شیر
piens

نوشابه کوکاکولا
kola

شراب
vīns

آبجو
alus

الکل
alkohols

کاکائو
kakao

چای
tēja

قهوه
kafija

قهوه اسپرسو
espresso

کاپوچینو
kapučīno

موز

banāns

سیب

ābols

پرتقال

apelsīns

انواع هندوانه و خربزه

melone

لیمو

citrons

هویج

burkāns

سیر

ķiploks

نی بامبو

bambuss

پیاز

sīpols

قارچ

sēne

آجیل

rieksti

ماکارونی

makaroni

اسپاگتی
spageti

برنج
rīsi

سالاد
salāti

سیب زمینی سرخ کرده
frī kartupeļi

سیب زمینی سرخ شده
cepti kartupeļi

پیتزا
pica

همبرگر
hamburgers

ساندویچ
sviestmaize

شنیتسل
šnicele

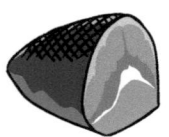

ژامبون خوک
šķiņķis

سالامی
salami

سوسیس
desa

مرغ
vista

نوعی گوشت سرخ شده
cepetis

ماهی
zivs

جوی پرک شده
....
auzu pārslas

نوعی صبحانه مخلوطی از برگه ذرت و
میوه های خشک شده و خشکبار که
معمولا با شیر خورده می شود
....
muslis

کورن‌فلکس
....
brokastu pārslas

آرد
....
milti

کرواسان
....
radziņš

نان بروتشن
....
brokastu maizītes

نان
....
maize

نان تست
....
tostermaize

بیسکویت
....
cepumi

کره
....
sviests

کشک
....
biezpiens

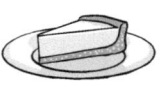

کیک
....
kūka

تخم مرغ
....
ola

ورمنین تخم مرغ
....
cepta ola

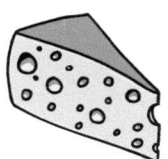

پنیر
....
siers

بستنی

saldējums

شکر

cukurs

عسل

medus

مربا

marmelāde

کرم شکلاتی بادامی

riekstu krēms

ادویه کاری

karijs

خانه ی مزرعه داران
zemnieka māja

خرمن کاه
salmu rullis

انبار غله
šķūnis

مزرعه
lauks

اسب
zirgs

ماشین بدک کش
piekabe

تراکتور
traktors

کره اسب
kumeļš

خر
ēzelis

گوسفند
aita

بره
jērs

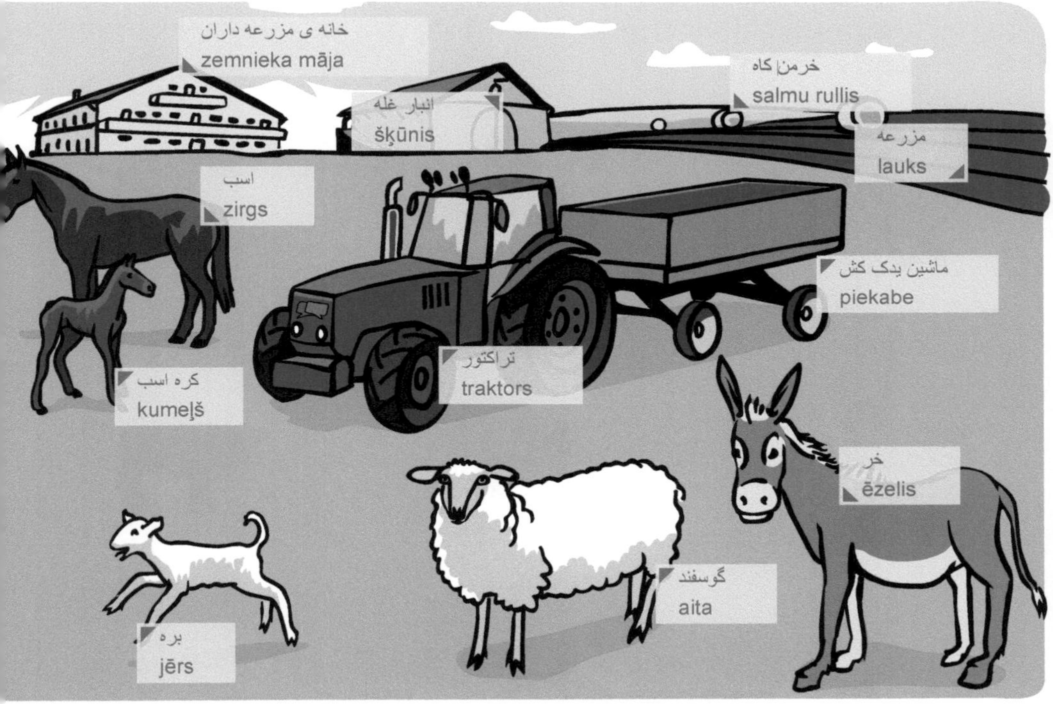

بز
....
kaza

گاو ماده
....
govs

گوساله
....
teļš

خوک
....
cūka

بچه خوک
....
sivēns

گاو نر
....
bullis

غاز

zoss

اردک

pīle

جوجه

cālis

مرغ

vista

خروس

gailis

موش صحرایی

žurka

گربه

kaķis

موش

pele

گاو نر اخته

vērsis

سگ

suns

لانه ی سگ

suņa būda

شلنگ باغبانی

dārza šļūtene

آبپاش

lejkanna

داس دسته بلند

izkapts

گارآهن

arkls

داس

sirpis

كج بيل

kaplis

چنگک باغبانى

mēslu dakša

تبر

cirvis

فرقون

ķerra

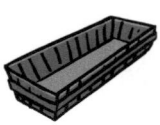

آبشخور

sile

بطرى نگهدارى شير

piena kanna

كيسه

maiss

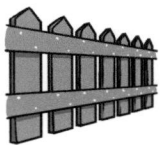

حصار

žogs

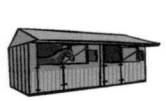

اصطبل

kūts

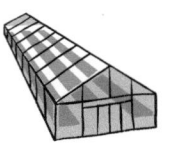

گلخانه

siltumnīca

خاك

augsne

بذر

sēklas

كود

mēslojums

ماشين كمباين

kombains

برداشت کردن محصول

novākt ražu

محصول

raža

تمیس

jamss

گندم

kvieši

سویا

soja

سیب زمینی

kartupelis

ذرت

kukurūza

کلزا

rapsis

درخت میوه

augļu koks

گیاه مانیوک

manioka

غلات

labība

خانه

māja

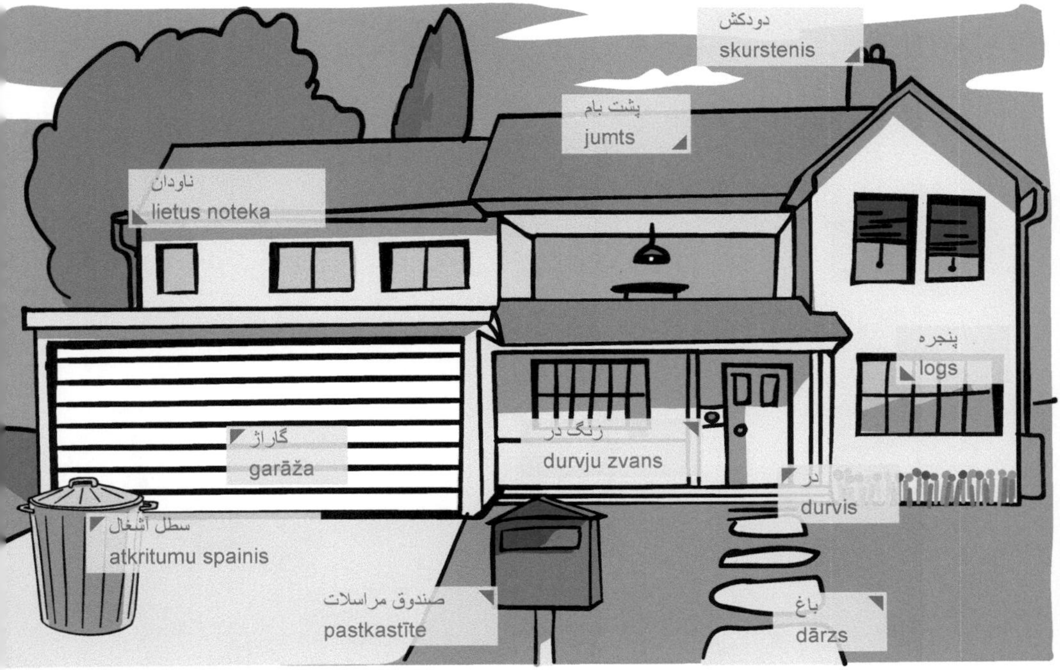

دودکش
skurstenis
پشت بام
jumts
ناودان
lietus noteka
پنجره
logs
گاراژ
garāža
زنگ در
durvju zvans
در
durvis
سطل آشغال
atkritumu spainis
صندوق مراسلات
pastkastīte
باغ
dārzs

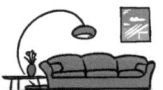

اتاق نشیمن
....
viesistaba

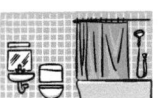

حمام
....
vannas istaba

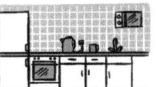

آشپزخانه
....
virtuve

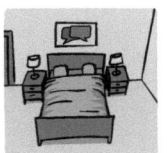

اتاق خواب
....
guļamistaba

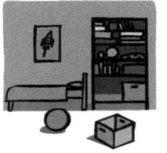

اتاق بچه
....
bērnu istaba

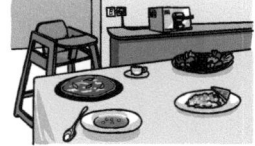

ناهارخوری
....
ēdamistaba

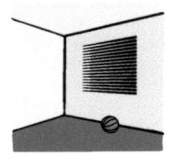

كف زمين

grīda

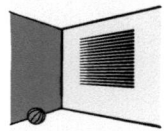

ديوار

siena

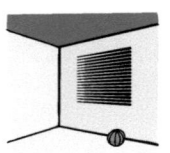

سقف

griesti

زيرزمين

pagrabs

سونا

sauna

بالکن

balkons

تراس

terase

استخر

baseins

ماشين چمن‌زنی

zāles pļāvējs

ملافه

gultas veļa

روتختی

sega

تخت خواب

gulta

جارو

slota

سطل

spainis

سویچ یا کلید

slēdzis

کاغذ دیواری
tapetes

عکس
attēls

لامپ
lampa

قفسه
plaukts

کابینت
skapis

شومینه
kamīns

تلویزیون
televizors

گل
puķe

کوسن
spilvens

گلدان
vāze

کاناپه
dīvāns

کنترل تلویزیون و ویدئو و غیره
tālvadības pults

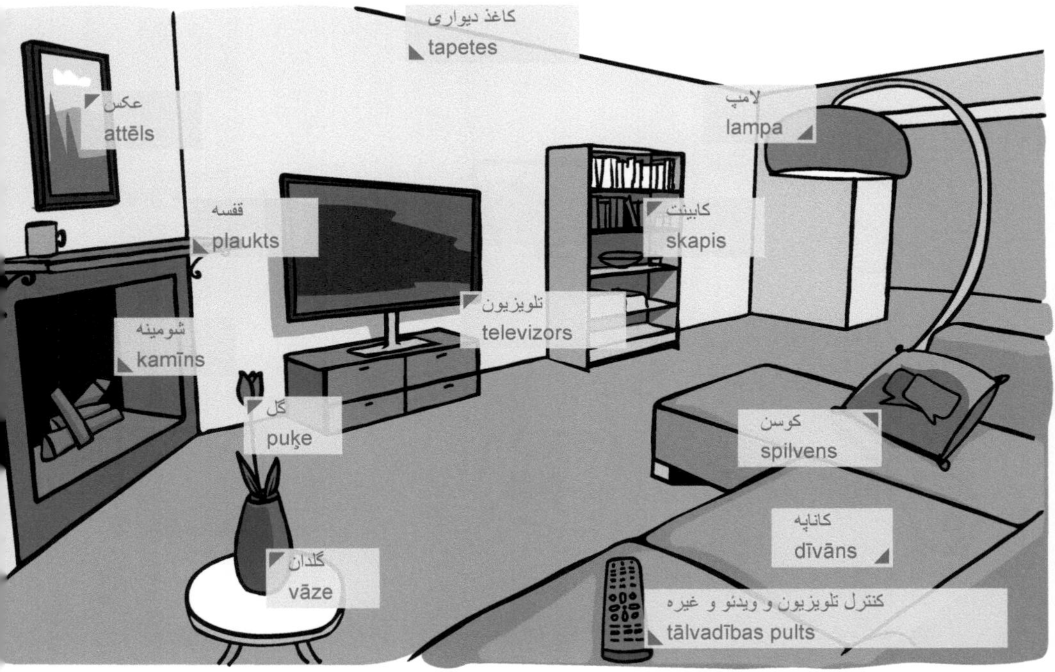

فرش
paklājs

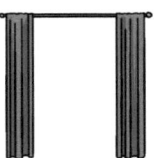

پرده
aizkars

میز
galds

صندلی
krēsls

صندلی گهواره ایی
šūpuļkrēsls

صندلی راحتی
atpūtas krēsls

كتاب

grāmata

لحاف

sega

دكوراسيون

dekorācija

هيزم

malka

فيلم

filma

دستگاه ضبط صوت

mūzikas centrs

كليد

atslēga

روزنامه

avīze

تابلو نقاشی

glezna

پوستر

plakāts

راديو

radio

دفترچه يادداشت

pierakstu blociņš

جاروبرقی

putekļu sūcējs

كاكتوس

kaktuss

شمع

svece

آشپزخانه
virtuve

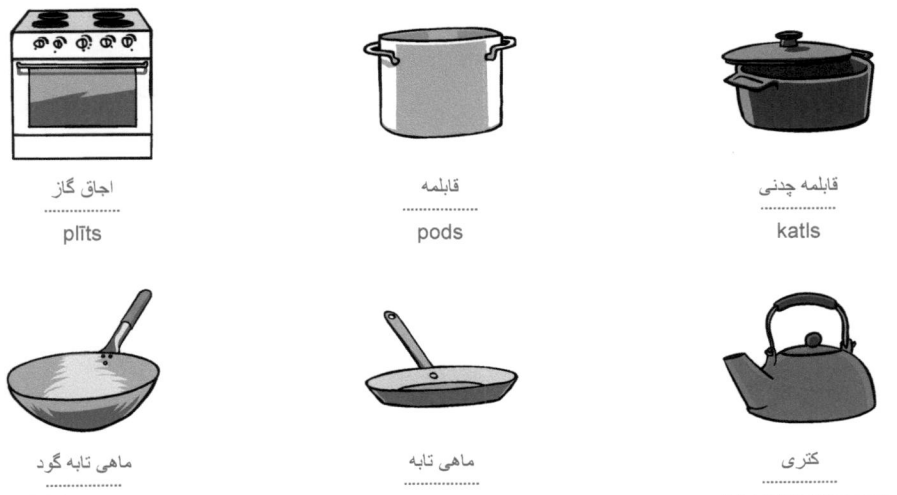

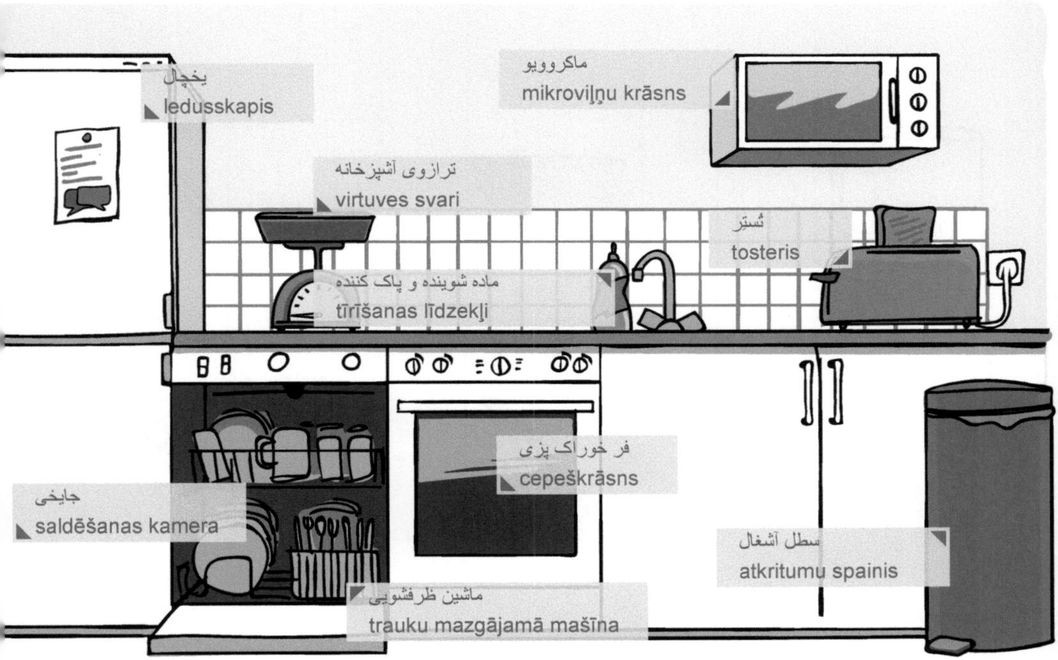

یخچال
ledusskapis
ماکروویو
mikroviļņu krāsns
ترازوی آشپزخانه
virtuves svari
تُستر
tosteris
ماده شوینده و پاک کننده
tīrīšanas līdzekļi
فر خوراک پزی
cepeškrāsns
جایخی
saldēšanas kamera
سطل آشغال
atkritumu spainis
ماشین ظرفشویی
trauku mazgājamā mašīna

اجاق گاز

plīts

قابلمه

pods

قابلمه چدنی

katls

ماهی تابه گود

Wok panna

ماهی تابه

panna

کتری

elektriskā tējkanna

بخارپز

tvaika katls

سینی فر

cepešpanna

ظرف چینی آشپزخانه

trauki

لیوان

krūze

کاسه

bļoda

چاپستیک

irbulīši

ملاقه

kauss

کفگیر

lāpstiņa

همزن

putošanas slotiņa

آبکش

sietiņš

آبکش

siets

رنده

rīve

هاون

piesta

باربیکیو

grilēt

محل مخصوص افروختن آتش

atklāts pavards

تخته گوشت و سبزی

dēlis

وردنه

mīklas rullis

در بطری بازکن

korķu vilķis

قوطی

bundža

در قوطی بازکن

konservu nazis

دستگیره پارچه ای

virtuves cimdi

سینک ظرفشویی

izlietne

برس گردگیری

birste

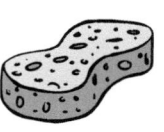

اسفنج

sūklis

مخلوط کن

mikseris

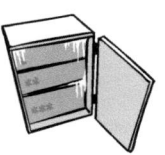

فریزر

saldētava

شیشه شیر بچه

bērna pudelīte

شیر آب

ūdenskrāns

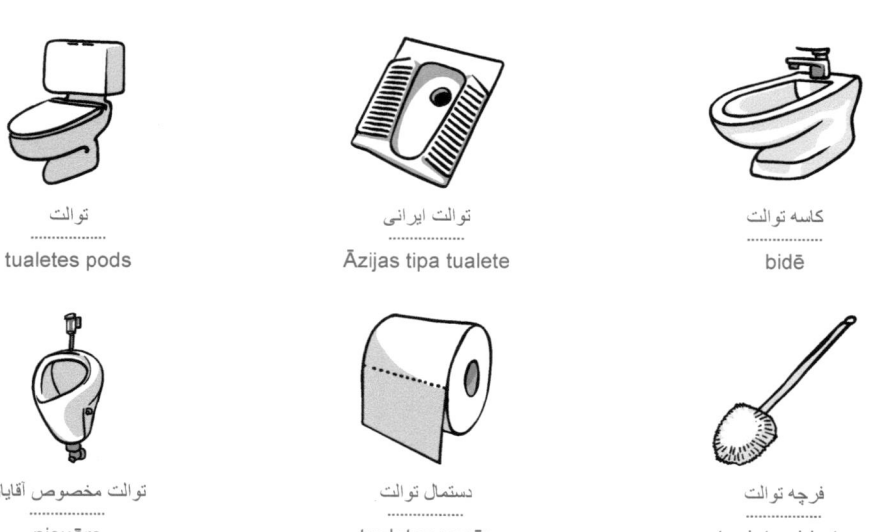

حمام

vannas istaba

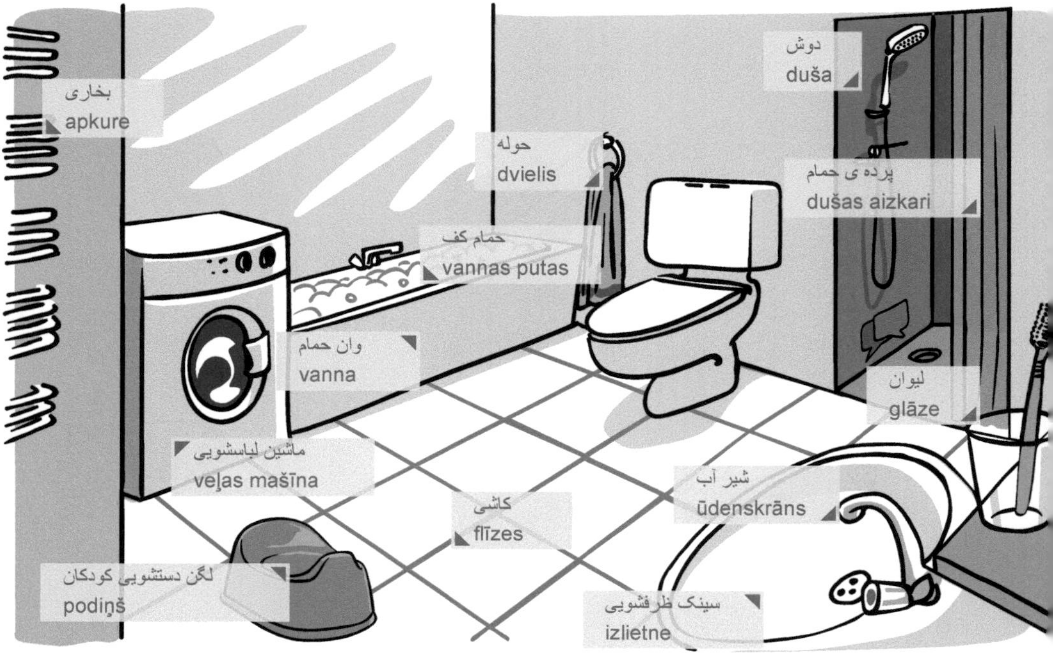
دوش
duša
بخاری
apkure
حوله
dvielis
پرده ی حمام
dušas aizkari
حمام کف
vannas putas
وان حمام
vanna
لیوان
glāze
ماشین لباسشویی
veļas mašīna
شیر آب
ūdenskrāns
کاشی
flīzes
لگن دستشویی کودکان
podiņš
سینک ظرفشویی
izlietne

توالت

tualetes pods

توالت ایرانی

Āzijas tipa tualete

کاسه توالت

bidē

توالت مخصوص آقایان

pisuārs

دستمال توالت

tualetes papīs

فرچه توالت

tualetes birste

مسواک

zobu birste

خمیردندان

zobu pasta

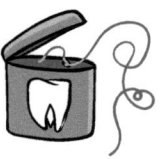

نخ دندان

zobu diegs

شستن

mazgāt

دوش آب تلفنی

rokas duša

شلنگ توالت

duša

لگن روشویی

bļoda

برس شست و شوی پشت

muguras mazgāšanas birste

صابون

ziepes

شامپو بدن

dušas želeja

شامپو

šampūns

لیف حمام

mazgāšanas drāna

راه آب

noteka

کرم

krēms

اسپری دئودورانت

dezodorants

آیینه

spogulis

آیینه ی کوچک دستی

spogulītis

تیغ ریش تراشی

skuveklis

کف ریش‌تراشی

skūšanās putas

أفترشیو

losjons pēc skūšanās

شانه ی سر

ķemme

برس

matu suka

سشوار

matu fēns

اسپری مو

matu laka

آرایش

grima komplekts

رژلب

lūpu krāsa

لاک ناخن

nagulaka

پنبه

vate

قیچی ناخن

šķērītes

عطر

smaržas

کیف لوازم آرایشی و بهداشتی

kosmētikas maks

چهارپایه

ķeblītis

ترازو

svari

حوله ی پالتویی

halāts

دستکش ظرفشویی

tīrīšanas cimdi

تامپون

tampons

نوار بهداشتی

pakete

توالت سیار

ķīmiskā tualete

حمام - vannas istaba

اتاق بچه

bērnu istaba

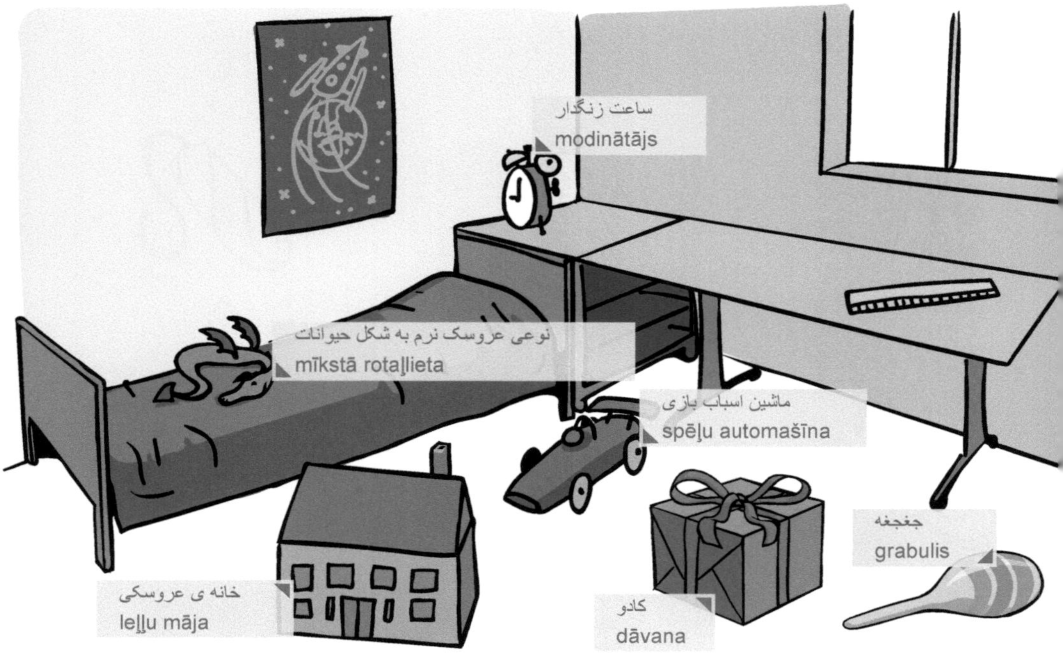

ساعت زنگدار
modinātājs
نوعی عروسک نرم به شکل حیوانات
mīkstā rotaļlieta
ماشین اسباب بازی
spēļu automašīna
جغجغه
grabulis
خانه ی عروسکی
leļļu māja
کادو
dāvana

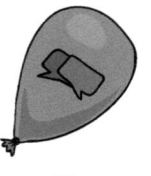

بادکنک

balons

تخت خواب

gulta

کالسکه بچه

bērnu ratiņi

بازی ورق

kārtis

پازل

puzle

SUPER
MEGA

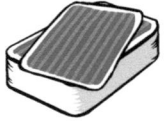

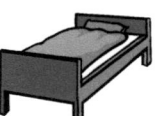

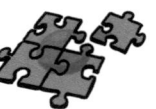

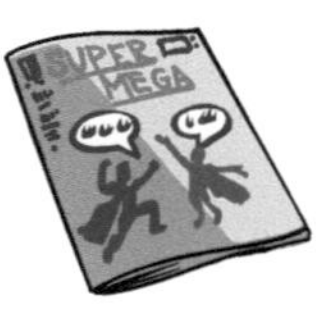

داستان مصور

komikss

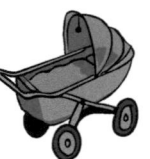

اسباب بازی لگو

LEGO klucīši

خانه سازی

klucīši

عروسک شخصیت های فیلم و کارتون

varoņu figūra

لباس نوزاد

rāpulītis

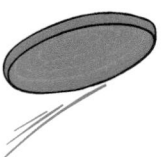

فریزبی

lidojošais šķīvītis

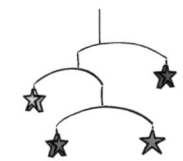

نوعی اسباب بازی که روی تخت نوزاد
یا کودک نصب می شود

muzikālais karuselis

بازی روی صفحه

galda spēle

تاس

metamais kauliņš

قطار اسباب بازی

rotaļu dzelzceļš

پستانک

māneklis

مهمانی

ballīte

کتاب مصور

bilžu grāmata

توپ

bumba

عروسک

lelle

بازی کردن

spēlēt

جعبه شنی مخصوص بازی کودکان

smilšu kaste

تاب

šūpoles

اسباب بازی

rotaļlietas

کنسول بازی های کامپیوتری

spēļu konsole

سه چرخه

trīsritenis

خرس عروسکی

plīša lācītis

کمد لباس

drēbju skapis

لباس

apģērbs

جوراب

īszeķes

جوراب زنانه ساق بلند

zeķes

جوراب شلواری

zeķbikses

شال
šalle

چتر
lietussargs

تی شرت
T-krekls

کمربند
siksna

پوتین
zābaks

دمپایی
čības

کفش ورزشی کتانی
botas

صندل
sandales

کفش
kurpes

چکمه پلاستیکی
gumijas zābaki

شرت
apakšbikses

سوتین
krūšturis

جلیقه
apakškrekls

بادی

bodijs

شلوار

bikses

جین

džinsi

دامن

svārki

بلوز

blūze

پیراهن

krekls

پولیور

pulovers

سویی شرت

džemperis

نوعی کت

žakete

ژاکت

jaka

کت بلند

mētelis

بارانی

lietus mētelis

لباس نمایش

kostīms

لباس

kleita

لباس عروس

kāzu kleita

کت و شلوار

uzvalks

لباس خواب زنانه

naktskrekls

پیژامه

pidžama

ساری

sari

روسری

lakats

عمامه

turbāns

برقع

burka

قبا

kaftāns

عبا

abaja

لباس شنا

peldkostīms

شرت شنا

peldbikses

شلوارک

šorti

لباس ورزشی

treniņtērps

پیشبند

priekšauts

دستکش

cimdi

دکمه

poga

عینک

brilles

دستبند

rokassprādze

گردنبند

kaklarota

انگشتر

gredzens

گوشواره

auskars

کلاه لبه دار

cepure

چوب لباسی

drēbju pakaramais

کلاه

platmale

کراوات

kaklasaite

زیپ

rāvējslēdzējs

کلاه ایمنی

ķivere

بند شلوار

bikšturi

لباس مدرسه

skolas forma

لباس فرم

uniforma

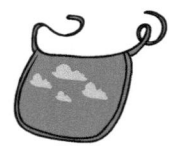

پیش بند بچه
....
priekšautiņš

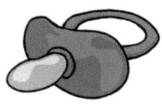

پستانک
....
māneklis

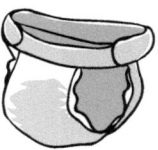

پوشک بچه
....
autiņbiksītes

اداره
birojs

سرور
serveris
کمد نگهداری پرونده
dokumentu skapis
چاپگر
printeris
کاغذ
papīrs
مانیتور
monitors
ماوس
pele
میز تحریر
rakstāmgalds
زونکن
dokumentu vāki
صفحه کلید
klaviatūra
سبد کاغذ باطله
papīrgrozs
کامپیوتر
dators
صندلی
krēsls

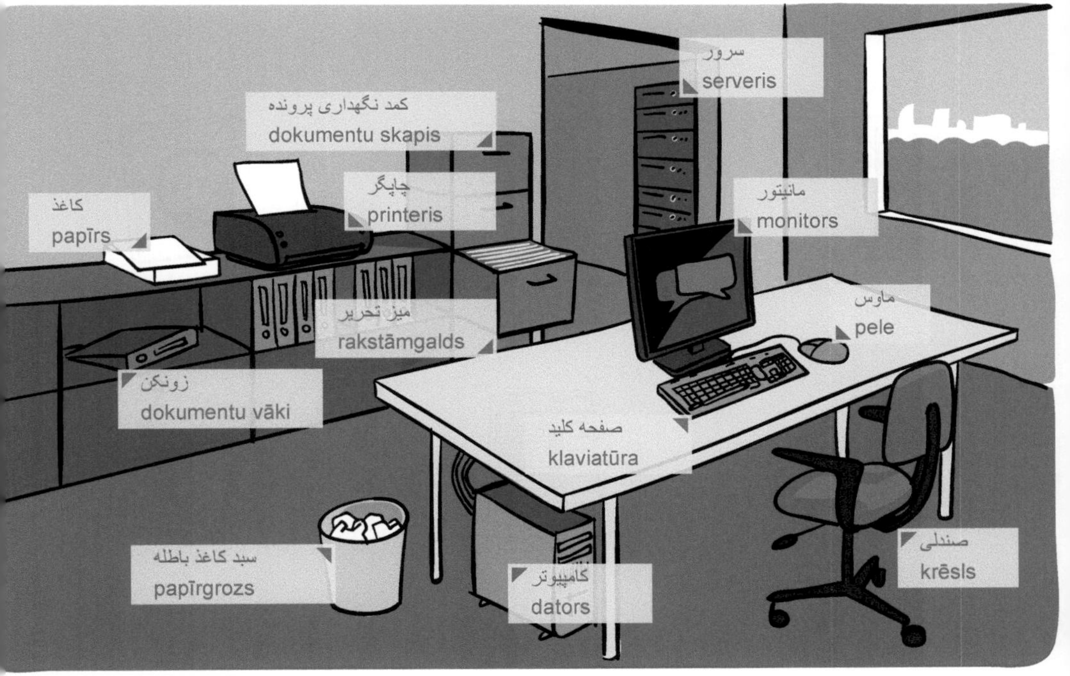

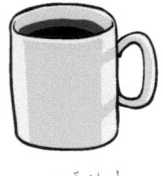

لیوان قهوه
....
kafijas krūze

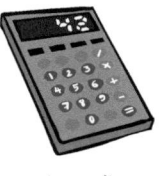

ماشین حساب
....
kalkulators

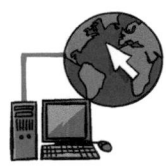

اینترنت
....
internets

لپ تاپ

portatīvais dators

نامه

vēstule

پیغام

ziņa

تلفن همراه

mobilais tālrunis

شبکه ی ارتباطی

tīkls

دستگاه فتوکپی

kopētājs

نرم افزار

programmatūra

تلفن

telefons

پریز

rozete

دستگاه فاکس

faksa aparāts

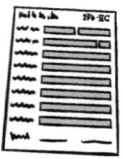

فرم

formulārs

مدرک

dokuments

خريدن

pirkt

پرداخت كردن

samaksāt

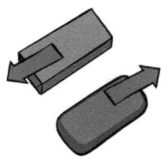

تجارت كردن

tirgot

پول

nauda

دلار

dolārs

يورو

eiro

ين

jēna

روبل

rublis

فرانک سوئيس

franks

يوان رنمينبى

juaņa renminbi

روپيه

rūpija

دستگاه خودپرداز

bankomāts

صرافی

valūtas maiņas punkts

طلا

zelts

نقره

sudrabs

نفت

nafta

انرژی

enerģija

قیمت

cena

قرارداد

līgums

مالیات

nodoklis

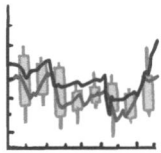

سهام سرمایه

akcija

کار کردن

strādāt

کارمند

darbinieks

کارفرما

darba devējs

کارخانه

fabrika

مغازه

veikals

مشاغل

profesijas

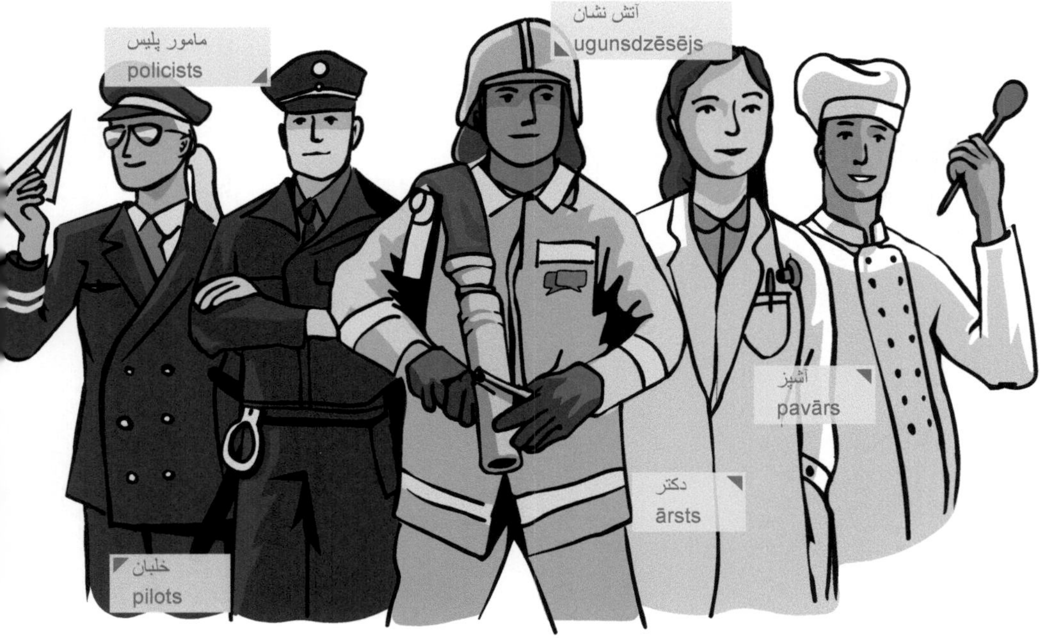

مامور پلیس
policists
آتش نشان
ugunsdzēsējs
آشپز
pavārs
دکتر
ārsts
خلبان
pilots

باغبان

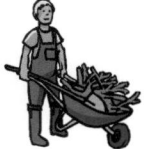

dārznieks

نجار

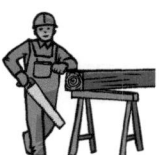

galdnieks

خیاط زنانه

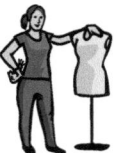

šuvēja

قاضی

tiesnesis

شیمیدان

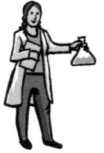

ķīmiķis

بازیگر

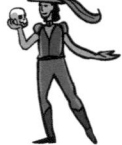

aktieris

راننده اتوبوس

autobusa vadītājs

راننده تاکسی

taksometra vadītājs

ماهیگیر

zvejnieks

نظافتچی زن

apkopēja

سقف ساز

jumiķis

پیشخدمت رستوران

viesmīlis

شکارچی

mednieks

نقاش

gleznotājs

نانوا

maiznieks

برقکار

elektriķis

کارگر ساختمانی

celtnieks

مهندس

inženieris

قصاب

miesnieks

لوله کش

skārdnieks

پستچی

pastnieks

سرباز

karavīrs

معمار

arhitekts

صندوقدار

kasieris

گل فروش

florists

آرایشگر

frizieris

مامور کنترل بلیط در قطار

konduktors

مکانیک

mehāniķis

ناخدا

kapteinis

دندانپزشک

zobārsts

دانشمند

zinātnieks

عالم یهودی

rabīns

امام

imāms

راهب

mūks

کشیش

mācītājs

ابزارآلات

instrumenti

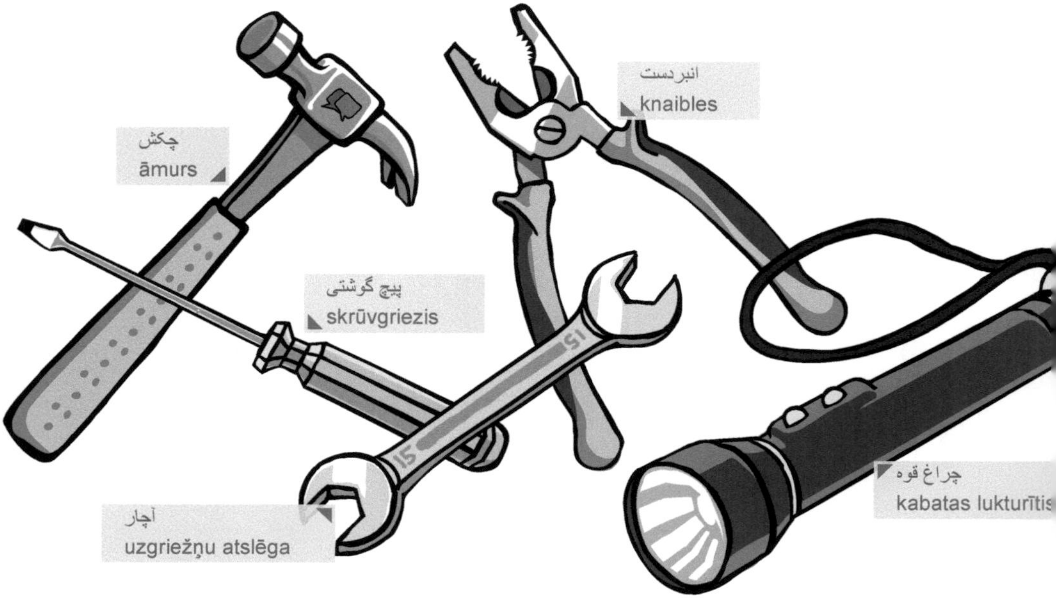
انبردست
knaibles
چکش
āmurs
پیچ گوشتی
skrūvgriezis
آچار
uzgriežņu atslēga
چراغ قوه
kabatas lukturītis

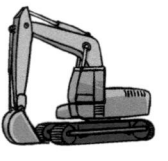

بیل مکانیکی

ekskavators

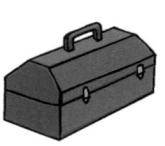

جعبه ابزار

instrumentu kaste

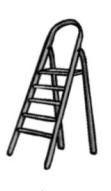

نردبان

kāpnes

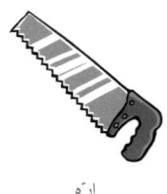

ارّه

zāģis

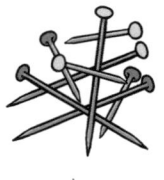

میخ

naglas

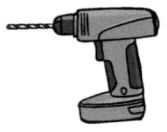

مته

urbis

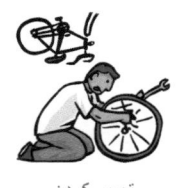

تعمیر کردن

remontēt

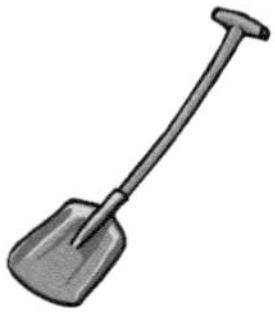

بیل

lāpsta

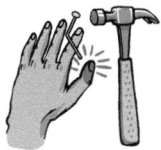

لعنتی!

Velns!

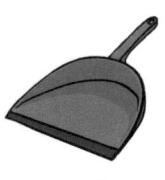

خاک انداز

liekšķere

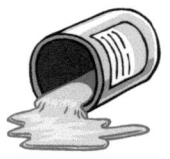

سطل رنگرزی

krāsas bundža

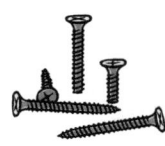

پیچ

skrūves

آلات موسیقی

mūzikas instrumenti

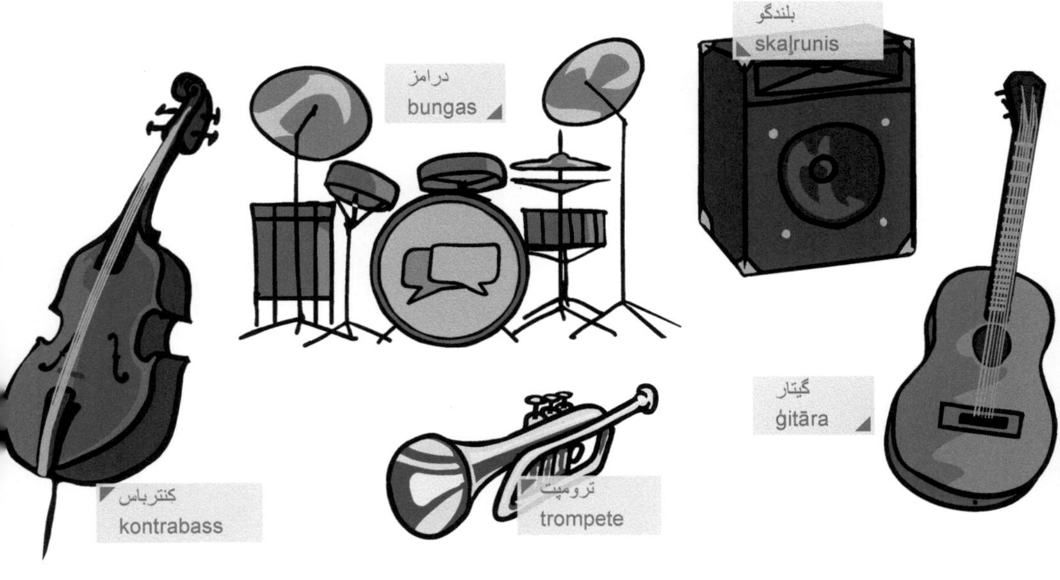

بلندگو
skaļrunis
درامز
bungas
گیتار
ģitāra
کنترباس
kontrabass
ترومپت
trompete

پیانو

klavieres

ویولن

vijole

گیتار بیس

bass

تیمپانی

timpāni

طبل

bungas

کیبورد الکتریک

digitālās klavieres

ساکسیفون

saksofons

فلوت

flauta

میکروفون

mikrofons

باغ وحش

zooloģiskais dārzs

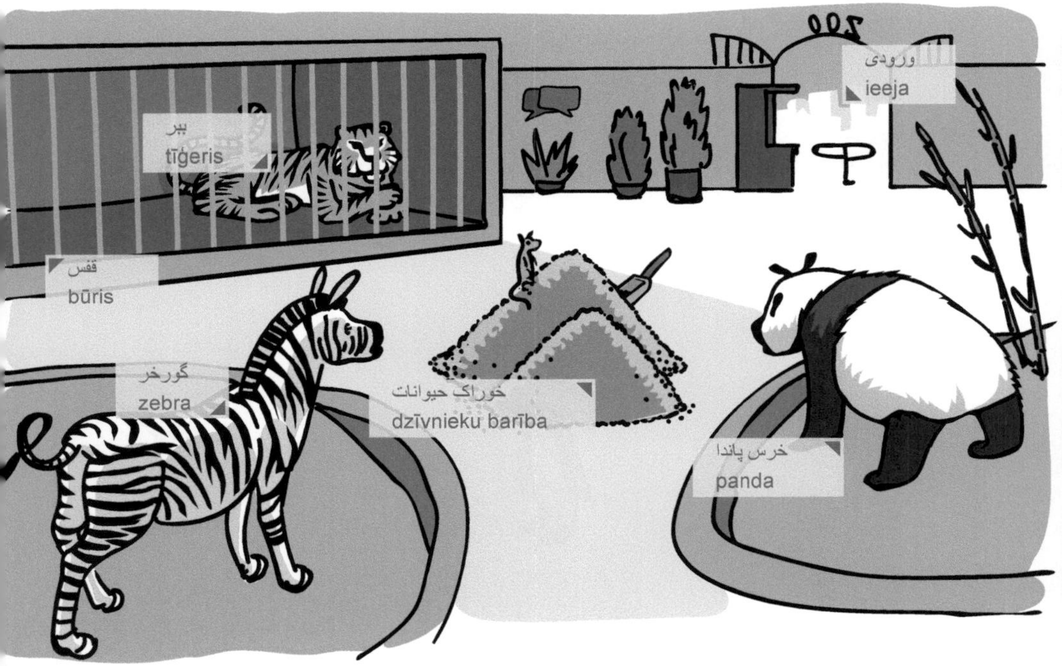

ورودی
ieeja
ببر
tīģeris
قفس
būris
گورخر
zebra
خوراک حیوانات
dzīvnieku barība
خرس پاندا
panda

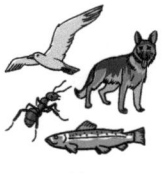

حیوانات

dzīvnieki

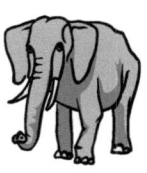

فیل

zilonis

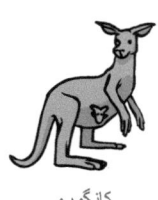

کانگورو

ķengurs

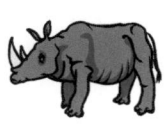

کرگدن

degunradzis

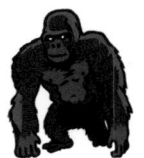

گوریل

gorilla

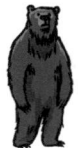

خرس

lācis

شتر

kamielis

غرمرتش

strauss

شير

lauva

ميمون

pērtiķis

فلامينگو

flamings

طوطى

papagailis

خرس قطبى

polārlācis

پنگوئن

pingvīns

كوسه

haizivs

طاووس

pāvs

مار

čūska

تمساح

krokodils

نگهبان باغ وحش

zoodārza sargs

خوک آبى

ronis

پلنگ امریکایى

jaguārs

اسب کوچک

ponijs

پلنگ

leopards

اسب آبی

nīlzirgs

زرافه

žirafe

عقاب

ērglis

گراز

meža cūka

ماهی

zivs

لاک پشت

bruņurupucis

شیرماهی

valzirgs

روباه

lapsa

غزال

gazele

فوتبال آمریکایی
amerikāņu futbols

دوچرخه سواری
riteņbraukšana

تنیس
teniss

بسکتبال
basketbols

شنا
peldēšana

بوکس
bokss

هاکی روی یخ
hokejs

فوتبال
....
futbols

بدمینتون
....
badmintons

دوومیدانی
....
vieglatlētika

هندبال
....
rokas bumba

اسکی
....
slēpošana

پولو
....
polo

خندیدن
smieties

پریدن
lēkt

بغل کردن
apskaut

راه رفتن
iet

آواز خواندن
dziedāt

رؤیا دیدن
sapņot

دعا کردن
lūgt

بوسیدن
skūpstīt

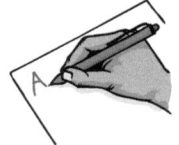

نوشتن
rakstīt

رسم کردن
zīmēt

نشان دادن
rādīt

هل دادن
spiest

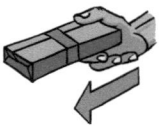

دادن
dot

برداشتن
ņemt

داشتن

būt

انجام دادن

darīt

بودن

būt

ایستادن

stāvēt

دویدن

skriet

کشیدن

vilkt

پرتاب کردن

mest

افتادن

krist

دراز کشیدن

gulēt

منتظر بودن

gaidīt

حمل کردن

nest

نشستن

sēdēt

لباس پوشیدن

uzģērbt

خوابیدن

gulēt

بیدار شدن

pamosties

تماشا کردن

skatīties

گریه کردن

raudāt

نوازش کردن

glāstīt

شانه کردن

ķemmēt

حرف زدن

runāt

فهمیدن

saprast

پرسیدن

jautāt

شنیدن

dzirdēt

آشامیدن

dzert

خوردن

ēst

مرتب کردن

sakārtot

عاشق بودن

mīlēt

پختن

vārīt

رانندگی کردن

braukt

پرواز کردن

lidot

قایقرانی کردن

burot

محاسبه کردن

rēķināt

خواندن

lasīt

یاد گرفتن

mācīties

کار کردن

strādāt

ازدواج کردن

precēties

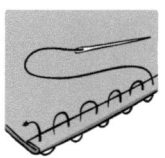

دوختن

šūt

مسواک زدن

tīrīt zobus

کشتن

nogalināt

سیگار کشیدن

smēķēt

فرستادن

sūtīt

مادربزرگ
vecāmāte

پدربزرگ
vectēvs

پدر
tēvs

مادر
māte

کودک
mazulis

فرزند دختر
meita

فرزند پسر
dēls

مهمان

viesis

خاله، عمه

tante

دایی، عمو

onkulis

برادر

brālis

خواهر

māsa

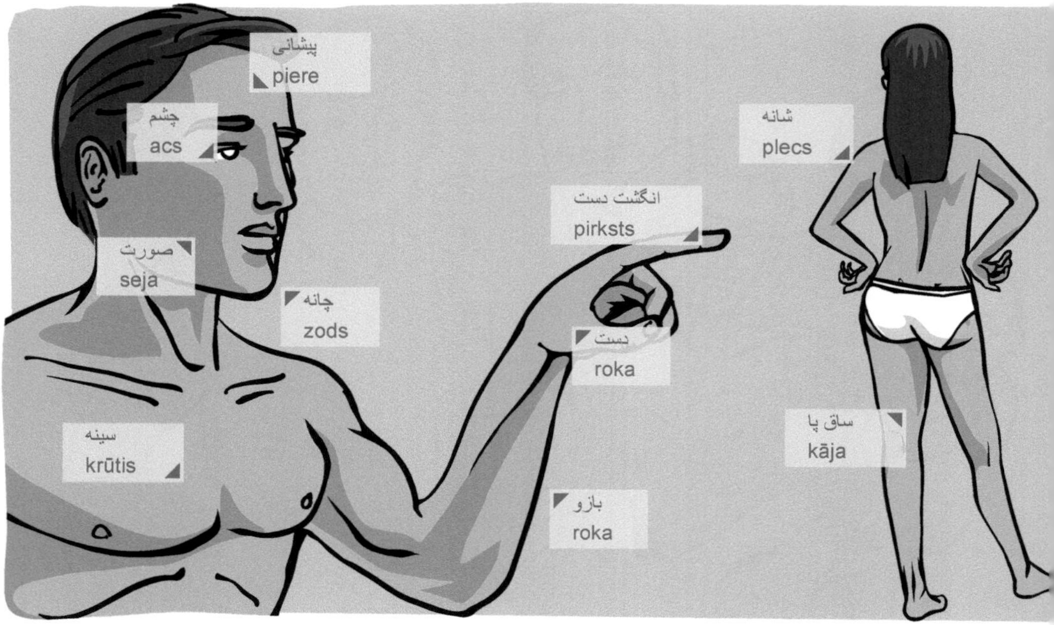

پیشانی
piere

چشم
acs

شانه
plecs

انگشت دست
pirksts

صورت
seja

چانه
zods

دست
roka

سینه
krūtis

ساق پا
kāja

بازو
roka

کودک
mazulis

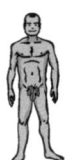

مرد
vīrietis

زن
sieviete

دختربچه
meitene

پسربچه
zēns

کله
galva

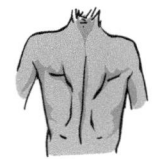

كمر

mugura

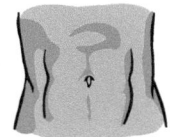

شکم

vēders

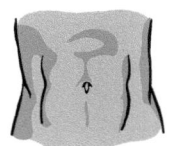

ناف

naba

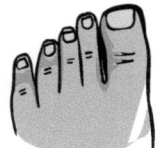

انگشت پا

kājas pirksts

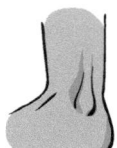

پاشنه

papēdis

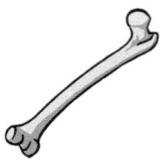

استخوان

kauls

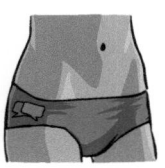

لگن

gurns

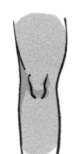

زانو

celis

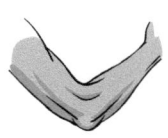

آرنج

elkonis

بینی

deguns

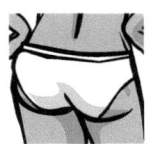

نشیمنگاه

dibens

پوست

āda

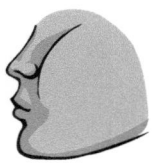

گونه

vaigs

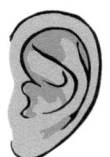

گوش

auss

لب

lūpa

دهان

mute

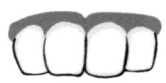

دندان

zobs

زبان

mēle

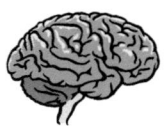

مغز

smadzenes

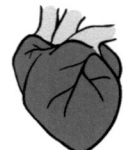

قلب

sirds

عضله

muskulis

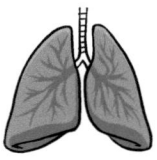

ریه

plaušas

کبد

aknas

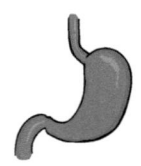

معده

kuņģis

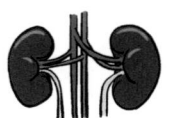

کلیه

nieres

آمیزش جنسی

dzimumakts

کاندوم

kondoms

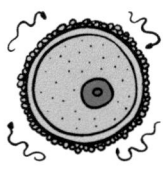

تخمک

olšūna

اسپرم

sperma

حاملگی

grūtniecība

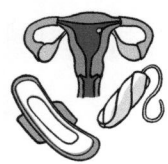

پریود

menstruācijas

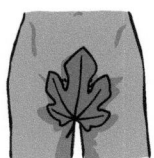

واژن

vagīna

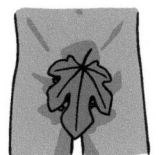

آلت تناسلی مرد

penis

ابرو

uzacs

مو

mati

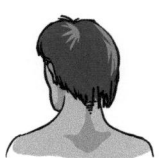

گردن

kakls

بیمارستان
slimnīca

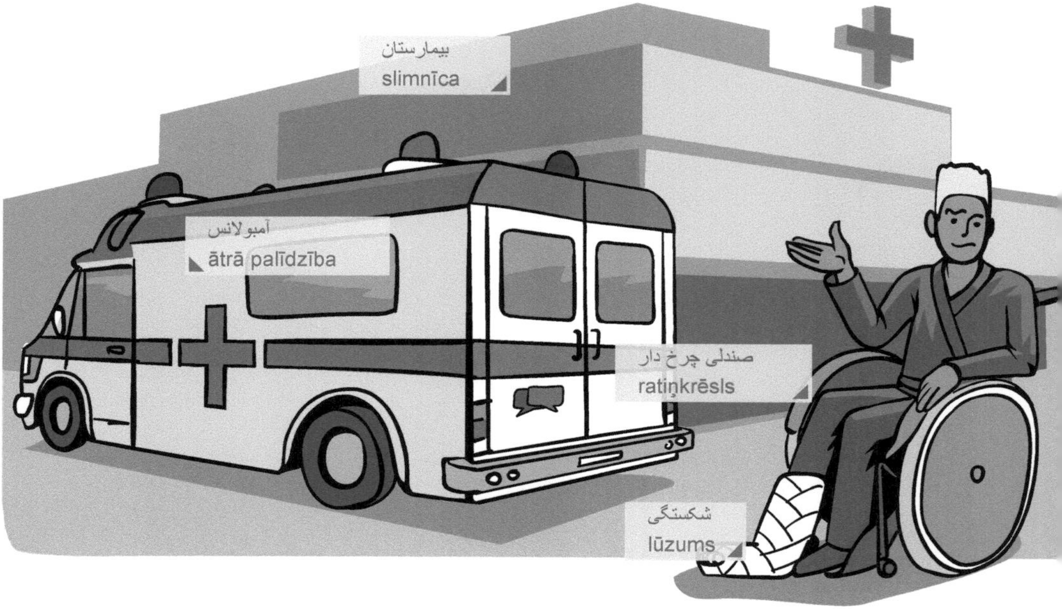

بیمارستان
slimnīca
آمبولانس
ātrā palīdzība
صندلی چرخ دار
ratiņkrēsls
شکستگی
lūzums

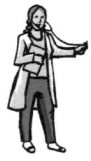

دکتر

ārsts

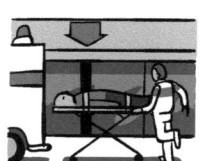

بخش اورژانس

neatliekamās palīdzības nodaļa

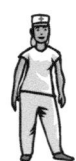

پرستار

medmāsa

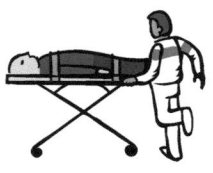

موقعیت اضطراری

ārkārtas gadījums

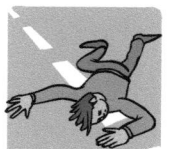

بی هوش

paģībis

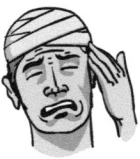

درد

sāpes

مصدومیت

ievainojums

خونریزی

asiņošana

سکته قلبی

sirdslēkme

سکته مغزی

insults

آلرژی

alerģija

سرفه

klepus

تب

temperatūra

آنفولانزا

gripa

اسهال

caureja

سردرد

galvassāpes

سرطان

vēzis

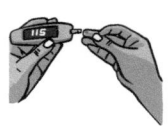

دیابت

diabēts

جراح

ķirurgs

چاقوی جراحی

skalpelis

عمل جراحی

operācija

سی تی اسکن

datortomogrāfija

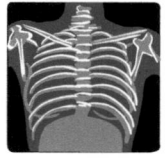

پرتونگاری

rentgents

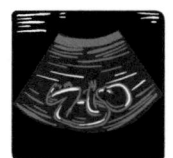

سونوگرافی

ultraskaņa

ماسک صورت

sejas maska

بیماری

slimība

اتاق انتظار

uzgaidāmā telpa

چوب زیر بغل

kruķis

چسب زخم

plāksteris

پانسمان

apsējs

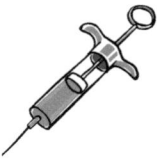

تزریق

injekcija

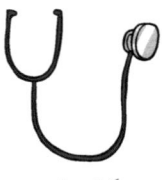

گوشی طبی

stetoskops

برانکار

nestuves

دماسنج

termometrs

زایش

dzemdības

اضافه وزن

liekais svars

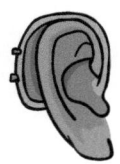

سمعک
dzirdes aparāts

ماده ضد غفونی کننده
dezinfekcijas līdzeklis

عفونت
infekcija

ویروس
vīruss

اچ آی وی / ایدز
HIV / AIDS

دارو
zāles

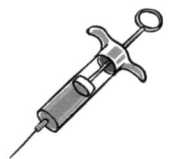

واکسیناسیون
pote

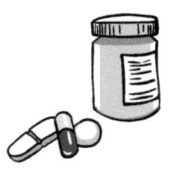

قرص
tabletes

قرص ضد حاملگی
pretapaugļošanās tablete

تماس اظطراری
ārkārtas izsaukums

دستگاه اندازه گیری فشارخون
asinsspiediena mērītājs

مریض / سالم
slims / vesels

کمک!

Palīgā!

آژیر خطر

trauksme

حمله

uzbrukums

حمله ی فیزیکی

uzbrukums

خطر

bīstamība

خروج اظطراری

avārijas izeja

آتش

Uguns!

کپسول آتش‌نشانی

ugunsdzēšamais aparāts

تصادف

negadījums

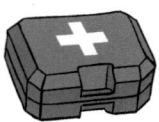

جعبه کمک های اولیه

pirmās palīdzības aptieciņa

درخواست کمک

SOS

پلیس

policija

اروپا

Eiropa

آمریکای شمالی

Ziemeļamerika

آمریکای جنوبی

Dienvidamerika

آفریقا

Āfrika

آسیا

Āzija

استرالیا

Austrālija

اقیا نوس اطلس

Atlantijas okeāns

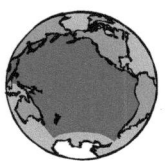

اقیانوس آرام

Klusais okeāns

اقیانوس هند

Indijas okeāns

اقیا نوس اطلس جنوبی

Dienvidu okeāns

اقیانوس منجمد شمالی

Ziemeļu ledus okeāns

قطب شمال

Ziemeļpols

قطب جنوب
....
Dienvidpols

قاره قطب جنوب
....
Antarktika

کره زمین
....
zeme

سرزمین
....
zeme

دریا
....
jūra

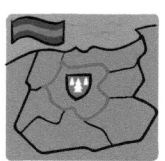

جزیره
....
sala

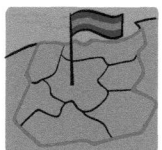

ملت
....
nācija

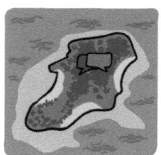

کشور
....
valsts

pulkstenis

صفحه ی ساعت
ciparnīca

ساعت شمار
stundu rādītājs

دقیقه شمار
minūšu rādītājs

ثانیه شمار
sekunžu rādītājs

ساعت چند است؟
Cik ir pulkstenis?

روز
diena

زمان
laiks

اکنون
tagad

ساعت دیجیتال
digitālais pulkstenis

دقیقه
minūte

ساعت
stunda

nedēļa

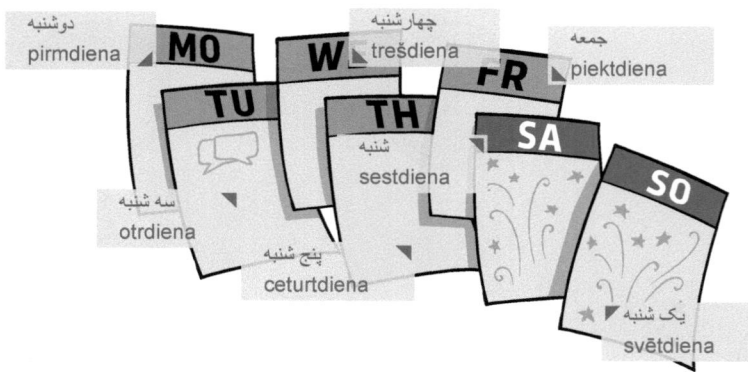

دوشنبه
pirmdiena

چهارشنبه
trešdiena

جمعه
piektdiena

سه شنبه
otrdiena

شنبه
sestdiena

پنج شنبه
ceturtdiena

یک شنبه
svētdiena

دیروز
vakardien

امروز
šodien

فردا
rītdien

صبح
rīts

ظهر
pusdienlaiks

غروب
vakars

روزهای کاری
darbadienas

آخر هفته
brīvdienas

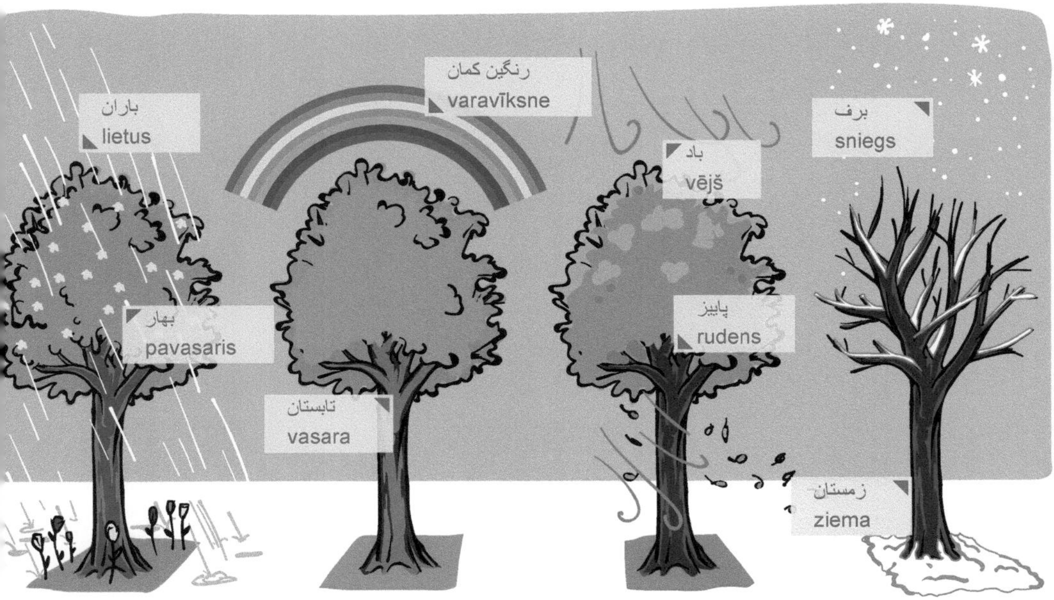

باران
lietus
رنگین کمان
varavīksne
باد
vējš
برف
sniegs
بهار
pavasaris
پاییز
rudens
تابستان
vasara
زمستان
ziema

4.APRIL 11°
5.APRIL 4°
6.APRIL 13°
7.APRIL 8°
8.APRIL 10°

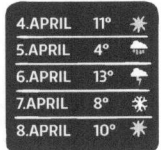

پیش‌بینی اوضاع جوی

laika prognoze

F C
120 40
90 30
60 20
30 10
0 0
-30 -10
-20

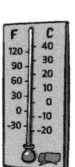

دماسنج

termometrs

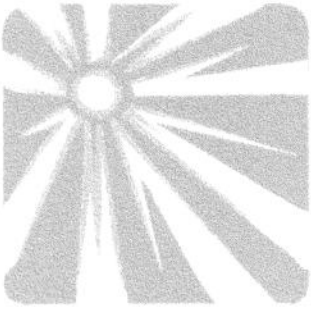

تابش آفتاب

saules gaisma

ابر

mākonis

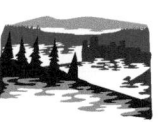

مه

migla

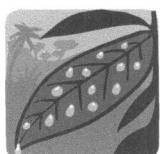

رطوبت هوا

gaisa mitrums

صاعقه
....
zibens

آسمان غره
....
pērkons

طوفان
....
vētra

تگرگ
....
krusa

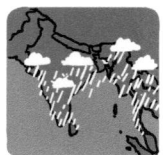

باد موسمی
....
musons

سیل
....
plūdi

یخ
....
ledus

ژانویه
....
janvāris

فوریه
....
februāris

مارس
....
marts

آوریل
....
aprīlis

مه
....
maijs

ژوئن
....
jūnijs

ژوئیه
....
jūlijs

آگوست
....
augusts

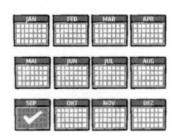

سپتامبر
....
septembris

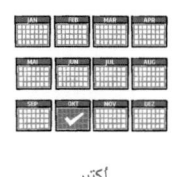

اكتبر
....
oktobris

نوامبر
....
novembris

دسامبر
....
decembris

أشكال

formas

دايره
....
aplis

مربع
....
kvadrāts

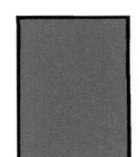

مستطيل
....
četrstūris

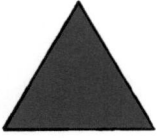

سه گوش
....
trīsstūris

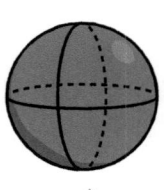

گره
....
lode

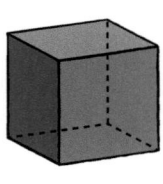

مكعب مربع
....
kubs

سفید

balts

زرد

dzeltens

نارنجی

oranžs

صورتی

sārts

قرمز

sarkans

بنفش

lillā

آبی

zils

سبز

zaļš

قهوه ای

brūns

خاکستری

pelēks

سیاه

melns

خیلی / کم

daudz / maz

خشمگین/ آرام

saniknots / miermīlīgs

زیبا / زشت

skaists / neglīts

شروع / پایان

sākums / beigas

بزرگ / کوچک

liels / mazs

روشن / تیره

gaišs / tumšs

برادر / خواهر

brālis / māsa

تمیز / آلوده

tīrs / netīrs

کامل / ناقص

pilnīgs / nepilnīgs

روز / شب

diena / nakts

مرده / زنده

miris / dzīvs

پهن / باریک

plats / šaurs

قابل خوردن / غیر قابل خوردن

baudāms / nebaudāms

غضبناک / مهربان

nikns / laipns

هیجان زده / بی حوصله

satraukts / garlaikots

چاق / لاغر

resns / tievs

اولین / آخرین

pirmais / pēdējais

دوست / دشمن

draugs / ienaidnieks

پر / خالی

pilns / tukšs

سفت / نرم

ciets / mīksts

سنگین / سبک

smags / viegls

گرسنگی / تشنگی

izsalkums / slāpes

مریض / سالم

slims / vesels

غیرقانونی / قانونی

nelegāls / legāls

باهوش / خنگ

inteliģents / dumjš

چپ / راست

kreisais / labais

نزدیک / دور

tuvu / tālu

نو / استفاده شده

jauns / lietots

هیچ چیز / چیزی

nekas / kaut kas

پیر / جوان

vecs / jauns

روشن / خاموش

ieslēgts / izslēgts

باز / بسته

atvērts / slēgts

آهسته / بلند

kluss / skaļš

ثروتمند / فقیر

bagāts / nabags

درست / غلط

pareizi / nepareizi

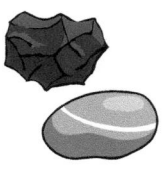

زبر / صاف

raupjš / gluds

غمگین / خوشحال

noskumis / laimīgs

کوتاه / بلند

īss / garš

کند / تند

lēns / ātrs

تَر / خشک

slapjš / sauss

گرم / خنک

silts / vēss

جنگ / صلح

karš / miers

0

صفر
....
nulle

1

یک
....
viens

2

دو
....
divi

3

سه
....
trīs

4

چهار
....
četri

5

پنج
....
pieci

6

شُش
....
seši

7

هفت
....
septiņi

8

هشت
....
astoņi

9

نه
....
deviņi

10

دَه
....
desmit

11

یازده
....
vienpadsmit

12
دوازده
divpadsmit

13
سیزده
trīspadsmit

14
چهارده
četrpadsmit

15
پانزده
piecpadsmit

16
شانزده
sešpadsmit

17
هفده
septiņpadsmit

18
هجده
astoņpadsmit

19
نوزده
deviņpadsmit

20
بیست
divdesmit

100
صد
simts

1.000
هزار
tūkstotis

1.000.000
میلیون
miljons

انگلیسی

anglu

انگلیسی آمریکایی

amerikāņu angļu

چینی ماندارین

ķīniešu mandarīnu valoda

هندی

hindi

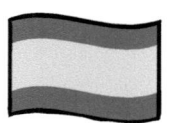

اسپانیایی

spāņu

فرانسوی

franču

عربی

arābu

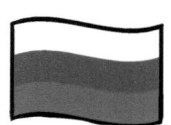

روسی

krievu

پرتغالی

portugāļu

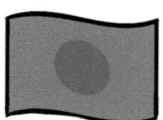

بنگالی

bengāļu

آلمانی

vācu

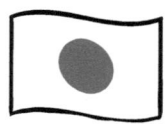

ژاپنی

japāņu

من
....
es

تو
....
tu

او
....
viŋš / viŋa

ما
....
mēs

شما
....
jūs

آنها
....
viŋi / viŋas

چه کسی؟ کی؟
....
kas?

چی؟
....
ko?

چگونه؟
....
kā?

کجا؟
....
kur?

کی؟
....
kad?

نام
....
vārds

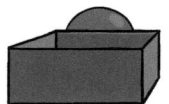

پُشت
aiz

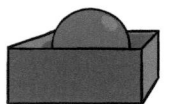

توی
iekšā

جلو
priekšā

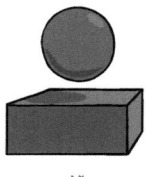

بالای
virs

روی
uz

زیر
zem

مجاور
blakus

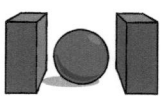

بین
starp

مکان
vieta